Juana Mandu La Valiente

Juana Mandu La Valiente

SI ALGUNA MUJER SE SIENTE IDENTIFICADA CON ESTA HISTORIA

SE DARA CUENTA DE LO QUE SE PUEDE SUFRIR EN ESTA VIDA O EN CUALQUIERA

Francis Mercedes Noriega

ISBN: Tapa Blanda 978-1-6176-4162-6

Este Libro fue impreso en los Estados Unidos de América.

Para ordenar copias adicionales de este libro, contactar:
Palibrio
1-877-407-5847
www.Palibrio.com
ordenes@palibrio.com
219892

Dedicada a una mujer que se lo merece todo.

Mi querida abuela ***Juana Mandu.***

La mujer que mas e querido en esta vida

Aun después de muerta.

Si el sol llegase a oscurecer y no brille más
Yo confío en el Señor que El me guiara puedo descansar.

Esta es una historia muy conmovedora ya que fue lo que le sucedió a una chica.

Desdés que nació su vida ha sido de tristeza, felicidad, alegría, maltrato, amor y mucho sufrimiento.

Cada mujer tiene que ser valiente cuando tiene hijos y familias ya que después que uno nace tiene que enfrentarse a una vida cruel y dura porque quieras que no nacimos para sufrir y aprender de ella.

Uno no sabe lo que tiene hasta que lo pierde y llegado el momento ya es muy tarde.

Juana Mandu es una mujer a la que yo considero la mujer más valiente que pueda existir en esta vida.

Dedicada a todas las madres del mundo ya que lo dan todo por sus hijos.

Juana es una niña que una vez nació todo cambio en su vida.

Cuando Juana nació su madre azucena le dijo que era una niña deseada por sus padres. Juana tenía una hermana llamada lenis solo tenia cuatro añitos y Juana tenía dos años y su madre estaba embarazada de un niño el cual le pondrían el nombre de Xavier.

Azucena vivía con su madre mandu y sus dos hijas y estaba a punto de dar a luz a su tercer hijo al mes de que azucena diera a luz a su hijo Xavier Juana estaba jugando con su hermana lenis y de repente empieza a llorar su abuela mandu la coje en brazo y le dice a su hija azucena que la niña no paraba de llorar y le pregunta que si sabia lo que le pasaba y azucena le responde que no. Pero la niña no para de llorar cuando su madre la coje en brazo se da cuenta de que le pasaba algo en su piernita izquierda y si se la toca la niña llora y se queja.

Su madre no lo piensa y decide llevarla al hospital porque no paraba de llorar.

Cuando llegaron al hospital el medico reviso a la niña y le dijo a su madre que a la niña se le había dislocado la cadera.

El doctor le pregunto a la madre que había sucedido y azucena le dijo que no sabia lo que había sucedido que la niña estaba jugando con su hermana y que de repente empezó a llorar.

El doctor le informa a la madre que tenían que operarla de emergencia así que dejaron a la niña Juana hospitalizada.

Azucena llamo a su madre y le dijo que Juana tenía que quedarse porque la tenían que operar.

Azucena le pregunta a su madre que si podía cuidar a los niños mientras ella estaba en el hospital con Juana. Mandu le respondió que no se preocupara y que ella cuidaría de sus nietos y que cuando tuviera noticias que por favor le llamara.

A Juana le pusieron unas pesas en la pierna para que se pudiera desencajar total

Y así duro unos meses el doctor le dijo a la madre de Juana que ya podía operarla porque ya se había desencajado la pierna en total que era lo que estaban esperando su abuela todos los días la visitaba para que Juana no se pusiera triste y así azucena podía descansar un rato ya que prácticamente vivía en el hospital con su hija Juana.

Las enfermeras convencieron azucena para que hiciera el curso de enfermera ya que estaba todo el día en el hospital

Azucena se lo piensa y decide hacer el curso ya que estaba en el hospital y como todos ya la conocían de tanto que duro con su hija Juana en el hospital.

Y por fin llego el día de operar a Juana. La operación duro unas diez horas y por fin salió el doctor y le dijo que todo había ido muy bien

Pero que a la niña le quedaría la pierna mas corta que el otro pero que lo más importante era que tenía las dos piernas y que podía hacer una vida normal y que de mayor igual tendría que volverse a operar porque el hueso se desgasta con los años.

Cuando Juana salió por fin del hospital su madre la llevo a casa y allí Juana se encontró con sus hermanos y su abuela la niña se puso muy contenta de estar en casa con su familia.

Juana estaba con muchos dolores y su madre se desesperaba al ver a su hija llorar y no sabia que hacer.

Cuando pasaron los meses Juana por fin se recupero.

Una de las tías de Juana lleva a la niña a ver a su padre pero este no quiere ver a la niña y Juana se fue sin conocer a su padre y por eso su madre no le decía nada con respecto a su padre pero se sentía muy feliz ya que tenia a su familia vivían los cuatro en una casa muy pequeña pero acogedora. Un día azucena conoció a un hombre llamado Carlos y con el estaba viviendo pero la abuela de Juana ya no vivía con ellos ya que azucena se fue a vivir con su marido y los niños. Azucena les regalo una macota a los niños para que tuvieran con quien jugar.

Y le pusieron el nombre de laica esa iba a ser su mejor amiga los niños adoraban a esa perrita ya que era como un niño si azucena compraba gominolas para los niños también compraba para le perrita ya que la consideraban como de la familia. Cuando se iban a lavar en el río también se llevaban a la mascota ya que nadie se podía acercar a ellos porque ella los protegía de cualquier desconocido.

Un día estaban en casa y la perrita no estaba y se preocuparon porque la llamaban y ella no respondía cuando de repente escucharon un ruido y se acercaron a la habitación cuando miraron debajo de la cama estaba allí había dado a luz unos guapos perritos pero no se podían quedar con ellos así que tomaron la decisión de regalarlos a todos.

Los niños no estaban de acuerdo con la decisión que había tomado su madre.

Pero eso no es todo el padrastro que les había tocado no era muy bueno con los niños y mucho menos con su madre.

Azucena inscribe a los niños en el colegio ya que no contaba con su madre porque ella había marchado a un pueblo llamado Guiria así que azucena tenia que levantarse todos los días temprano para llevarlos al colegio y marcharse al trabajo y luego atender la casa.

Azucena recibe una llamada del colegio de Juana porque a la profesora de Juana le preocupaba que la niña jugase sola ya que nadie se le podía acercar porque Juana tenía un mal carácter y solo tenia cuatro años. Azucena le dijo a la profesora que la dejara tranquila porque en casa ella siempre jugaba sola cada vez que sus hermanos jugaban con ella salían llorando ya que Juana les pegaba no le gusta que nadie juegue con ella. Azucena también le dijo que desde que nació ella es así y que era mejor dejarla sola.

Azucena lleva a sus hijos al colegio después de tanto ajetreo los recoge y los lleva a casa para poder descansar. Llego la tarde y es hora de que llegue el padrastro de Juana. Esa tarde que el llego azucena discutió con su marido y le dijo que se marchara de casa y para siempre el intento pegarle pero azucena no se dejo así que cojio una piedra grande y se la lanzo pensó que no le daría pero de repente el cayo al suelo y azucena se asusto ya que pensaba que lo había matado y le dijo a lenis que se acercara para ver si estaba muerto porque le salía sangre de la cabeza solo estaba inconciente pero que estaba bien cuando el se despertó azucena y los niños ya no estaban en casa ella decidió marcharse con su madre.

Aquí es donde empieza el sufrimiento de Juana ya que desde ahora le van a suceder cosas buenas y malas.

Cuando Juana tenia unos seis añitos ellos se fueron a vivir con su abuela al pueblo de Guiria allí querían empezar una nueva vida era lo que azucena quería para sus hijos.

En fin Juana esta estudiando en un colegio con sus hermanos cercano a su casa ellos se iban solos y regresaban solos siempre iban los tres juntos ya que su madre azucena les enseño de que no debían hablar con extraños porque eran muy peligrosos Juana y sus hermanos lo sabían y por eso no dejaban que nadie se les acercaran. Azucena trabajaba cerca de casa y su madre mandu cuidaba de los niños hasta que azucena regresaba del trabajo.

Azucena siempre dejaba a sus hijos con su madre ya que era la única que la apoyaba en todo. Vivian en una casa de alquiler ellos cuatros y nadie mas siempre estaban cambiando de casa porque no tenían dinero suficiente para pagar el alquiler y lo que azucena ganaba no daba para todo ya que era la única que llevaba dinero a casa.

Juana asistía con sus hermano y su abuela a misa ya que su abuela era evangélica son de esas personas que creen mucho en dios. Y desde pequeños les enseñaron a creer en dios a no decir palabrotas y respetar a las gentes mayores y así sucesivamente.

Y otra vez se cambiaron de casa a cinco manzanas de donde vivían y a Juana le regalaron un cochinito porque a ella y sus hermanos les gustaba mucho los animales y les llevaba los desperdicios todos los días con sus hermanos así que el dueño se lo regalo. Y como era tan pequeño le cojieron mucho cariño y lo tenían como mascota para los niños era como un perrito jugaban con el lo duchaban bueno en fin lo que se le hace a una mascota.

Ese mismo día Juana no sabia que iba a recibir una mala noticia que les cambiaria la vida a todos.

La abuela de Juana tiene ocho hijos pero ninguno fue un buen hijo ya que no la visitaban ni sabían nada y mucho menos se harían cargo de ella. Ellos habían hecho sus vidas la única que se encontraba con ella era la madre de Juana su hija azucena.

Azucena estaba conversando con su madre cuando de repente le llego la noticia de que a uno de sus hijos lo habían detenido por un delito por robo. Su madre no dudo en ir a ver a su hijo.

Cuando lo detuvieron el dijo que era una confusión y que el no había hecho nada que por querer ayudar a una gente que se lo pidió y cuando se dio cuenta resulta que estaban robando y aunque dijo que el no tenia nada que ver con ese robo no le creyeron y lo detuvieron pero como cualquier madre que es le creyó a su hijo e intento sacarlo de la cárcel.

Mandu camino y camino pero no se dio por vencida y lo saco de la cárcel la pobre mujer no se había dado cuenta que las horas habían pasado. Estuvo todo el día en la calle y hacia muchísimo sol estaba a unos treinta y ocho grado aproximadamente su cabeza estaba caliente de tanto sol que había cogido y no había comido nada en todo el día pero eso a ella no le preocupaba su única preocupación era sacar a su hijo de la cárcel y lo había conseguido y lo que mandu no sabia era que por intentar ayudar a su hijo se estaría asiendo daño ella misma.

Pero cuando se dio cuenta ya era de noche y decidió regresar a casa con su hija azucena y allí estaba su hija esperándola para poderse informar de lo que había sucedido con su hermano.

Estaban en la habitación juntas pero mandu no quiso comer hasta no contarle todo a su hija llevaban un buen rato hablando y los niños estaban jugando fuera con su mascota cuando de repente escucharon un grito y los niños se asustaron y fueron a ver lo que sucedía y encontraron a su abuela inconciente en la cama Juana se acerco para ver lo que le sucedía a su abuela y su madre le dijo que se fueran al salón pero los niños eran muy curiosos y se quedaron detrás de la puerta viendo todo lo que sucedía con su abuela.

Azucena llamaba a su madre pero esta no le respondía porque se encontraba inconsciente en la cama, azucena salía corriendo hacia la puerta para pedir ayuda ella gritaba que por favor le ayudaran que su madre estaba inconsciente y no me responde

Juana se acerco a su abuela y se dio cuenta de que tenía los ojos en blanco y que sangraba por los oídos, boca y la nariz.

Juana de repente rompe a llorar ya que su abuela querida yacía casi moribunda en la cama y estaba pálida como si estuviera muerta.

Por fin llego la ambulancia y se llevan a mandu al hospital pero ahora azucena tenia otro problema no tenia con quien dejar a los niños y una vecina se ofrece a cuidarlos mientras ella se va con la ambulancia.

Cuando atendieron a mandu ya se encontraba en coma le había dado un derrame cerebral y no respondía Azucena estaba muy preocupada ya que se encontraba sola porque sus hermanos ya habían hecho sus vida y ella no quería molestarlos pensó que todo iba a salir bien pero se decidió y les dijo a todos sus hermanos lo que había sucedido con su madre

Azucena se entero de que en ese mismo hospital se encontraba ingresada una de sus hermanas. Allí paso un tiempo su madre las única visitas que recibía eran los que ella llamaba hermanos en la iglesia pero a azucena no le importaba ya que ella siempre estaba con su madre.

Pero el doctor le había dado la noticia azucena que a su madre le había dado otro derrame y que ya iban tres con este y que no le daba esperanza de vida porque tenia demasiado coagulo de sangre en la cabeza y que lo sentía mucho no darle una buena noticia pero no podía hacer nada por su madre.

Azucena le dio tanta rabia de que su hermana estuviera en el hospital y no se había preocupado de visitar a su madre ya que se estaba muriendo lo único que le dijo fueron estas palabras (como esta la vieja). Le dio tanta rabia de que solo le dijera eso que le respondió que si quería saber de su madre la visitara

Al doctor le dijo azucena que se fuera preparando para lo peor porque su madre no pasaría de esta noche.

Juana y sus hermanos se fueron solos al hospital para ver a su abuela mandu y cuando llegó su madre azucena le regaño porque estaban solo y al hospital fueron a tener.

Solo querían ver a su abuela a si que azucena ya no les dijo nada mas. Solo que se marcharan porque no podían estar allí se podían enfermar. Pero como los niños eran muy traviesos le hicieron creer a su madre que se habían marchado pero fueron tan listos que se fueron por la parte de atrás del hospital y se escondieron por donde se escondieron daba a la habitación de su abuela y allí se quedaron los tres hermanos ellos presentían que algo malo iba a suceder por eso se quedaron allí escondidos.

Ese día la abuela de Juana recibió muchas visitas más de gente que conoció mientras estuvo en el hospital que de sus propios hijos. Mandu recibió visitas de sus hermanos de la iglesia. Todos los hermano se pusieron alrededor de la cama para darle la mano en son de despedida y la abuela de Juana con los ojos serrados les dio la mano a cada uno de los que allí se encontraba todos se quedaron asombrado por lo que allí estaba pasando pero en el momento que le daba la mano a uno de sus hermano de la iglesia falleció.

Juana y sus hermanos lo vieron todo rompieron a llorar allí y azucena se dio cuenta de que los niños no habían marchado como ella se lo había dicho los cojio de la mano y los fue a dejar a casa para que descansaran.

Azucena regreso al hospital y le dijo al doctor que ella misma vestiría a su madre, y la peinaría y que se encargaría de su preparativo que solo la embalsamara y que se la mandara a su casa que allí la esperaría.

Azucena llego a casa y se encerró en su habitación y rompió a llorar no podía creer que su madre había muerto y que ya no estaría allí con ella y que ya no estaría hay para verla pero lo que no sabia era que había una persona que sufría mas de lo que ella se imaginaba nadie lo sabia solo Juana una niña que solo tenia seis años y ya empezaba a sufrir.

Acaba de llegar el cuerpo sin vida de la madre de azucena y los niños están en el colegio. Juana esta triste y su profesora lo nota así que intenta conversar con ella pero Juana no aguanta más y rompe a llorar delante de su profesora

La profesora decide mandar a Juana a su casa pero cuando llega su madre azucena esta preparando a su abuela y Juana no lo sabe entra en la habitación y allí esta su abuela Juana se le acerca llorando y le dice que porque la dejo sola que voy a hacer sin ti. Parecía que estaba dormida Juana le dice a su abuela que por favor se levantara pero que no la deje pero Juana sabia que eso no iba a suceder.

Juana estaba al lado del ataúd llorando, todos estaban destrozado por la muerte de la mujer mas valiente que allá podido existir.

Juana tiene un tío llamado pascual y el estaba en la mili cuando recibió la mala noticia de que su madre había fallecido no se lo pensó y hablo con su comandante y le pidió un permiso especial para asistir al funeral de su madre fue el único día que casi todos los hijos de mandu se reunieron.

Pero con la condición de que lo acompañara un agente para evitar que se escapara era su única elección así que no le quedo otra que aceptarlo. Apenas le dieron el permiso salió corriendo a casa de su hermana azucena para ver por última vez a su madre ese chico rompió a llorar quería a su madre a su manera pero la quería. Pero cometió un error nunca se lo dijo y ya no tendría la oportunidad de decírselo y se arrepiente muchísimo pero ya era demasiado tarde.

Llego la hora de marchar al cementerio el único hijo que decidió llevar a su madre hasta el cementerio fue el que estaba haciendo la mili. El dijo que la llevaría hasta el cementerio quería recompensar a su madre de alguna forma y que no dejaría que lo ayudara. Pensaban que el no podría pero todos se equivocaron cuando salieron de casa y caminaron unos kilómetros le dijeron a pascual que si quería que lo ayudaran pero este se negó estaba completamente destrozado. Quien lo iba a pensar después que su madre murió se dieron cuenta de que la querían.

Por fin llegaron al cementerio y el llego sudado pero cumplió lo que había prometido que la llevaría hasta el cementerio sin ninguna clase de ayuda

Ese era el final para todos porque allí quedaría enterrada la mujer que todos querían y que extrañarían

En el momento que metían el cadáver de mandu en el hoyo de repente se escucha un canto de sus hermanos de la iglesia le cantaron una canción que les llego a todos al corazón y Juana esa música ya no podría olvidarla nunca y quedaría grabada en su cabeza y en su corazón para siempre cuando terminaron de cantar todos rompieron a llorar, gritaban de dolor no se lo podían creer.

Azucena y sus tres hijos se quedarían solos ya no tendrían ayuda de nada y nadie. Después del funeral todos marcharon a sus casa azucena volvió a casa pero cuando volvió todo estaba en silencio en el ambiente se sentía el dolor de haber perdido a una mujer extraordinaria y un ser humano bueno, sensible y sobre todo amada.

Azucena tenía que seguir adelante ya que tenia tres hijos a quien cuidar aunque seguía dolida por la muerte de su madre y nada podía hacer para que ella volviera de nuevo a la vida

Pasaron los meses pero aun seguía resiente la muerte de su madre ella y los niños estaban muy triste pero azucena tenia que disimular delante de lo niños. Intentaron hacer una vida normal azucena volvió al trabajo y los niños al colegio pero ya nada seria igual todo se complicaba para azucena ya que no tenia quien cuidara de sus hijos y muchas veces los tenia que dejar solos en casa aunque los niños se portaban bien y no le daban guerra a su madre

Azucena no aguanto mas y contrato a una canguro para que cuidara de los niños pero fue lo peor que pudo hacer ya que la persona que cuidaba de los niños los maltrataba ellos se lo comunicaba a su madre pero esta no les creía

Azucena no tuvo otro remedio que despedir a la canguro porque no podía permitir que nadie los maltratara ya que ella era su madre y no lo asía

Azucena dejaba a los niños solos ya que ella trabajaba cerca de casa los encerraba con llave y se marchaba al trabajo.

Pero Juana y sus hermanos no salían mucho así que se las arreglaban y se escapaban de casa para ir al parque para jugar con otros niños de su edad

Juana tuvo una infancia muy mala ya que ella no dejaba que nadie se le acercara tenia vergüenza de todos y su madre no entendía porque se comportaba de esa manera.

Cuando Juana jugaba con sus hermanos ellos salían llorando porque Juana era un poco agresiva y su madre seguía preguntándose que porque era así Azucena piensa que es así porque nunca tuvo un padre que le diera cariño, amor y que le pusiera carácter y sobre todo que fuera un padre. Que más puede pedir una niña si no es un padre aunque Juana nunca se lo ha dicho a su madre porque para ella azucena ha hecho los dos papeles el de padre y de madre que más puede pedir si su madre lo es todo en este mundo.

Azucena decide que uno de sus hermano llamado Alberto cuide de sus hijos mientras que ella se va de viaje por motivo de trabajo les deja la ropa limpia, comida, dinero, para que mientras ella esta de viaje no le falte de nada

Azucena confía en su hermano ya que no tenia con quien dejar a los niños, ella marcho confiada ya que mientras ella estaba presente el trataba bien a los niños, pero lo que no sabia azucena era que estaba cometiendo un error al dejar a sus tres hijos con su hermano. Al siguiente día de azucena marchar de viaje ya su hermano estaba maltratando a sus hijos

Juana y sus hermanos estaban en casa comiendo y el hermano pequeño Xavier que así se llama estaba llorando porque quería mas comida y su tío le dijo que le daría mas y que si se lo comía todo le pegaría y si no se lo come también le pegaría, el niño como era pequeño se lo comió todo y su tío le pego tan fuerte que luego no podía dormir así que lenis y Juana cojieron a su hermano y se encerraron en la habitación

Era sobre las tres de la madrugada ese mismo día Alberto el tío de los niños se emborracho con un amigo en casa con los niños cuando de repente escucharon unos gritos y salieron corriendo asía el patio de la casa y allí estaba su tío tirado en el suelo y estaba como poseído el le pedía tabaco a los niños y como les tenían miedo y lo vieron en ese estado salieron corriendo asía la calle a buscarle el tabaco que pedía donde iban a encontrar tabaco a esa hora de la madrugada y quien les daría tabaco a unos niños Nadie. Hasta que por fin el amigo de Alberto que estaba bebiendo con el le facilito el tabaco y los niños marcharon a la cama estaban cansado y por fin se durmieron

Alberto no cuidaba de los niños ya que lo único que le importaba era beber y emborracharse Juana y sus hermanos robaban en un establecimiento que daba con el patio de su casa saltaban el muro y robaban refrescos, y comida ya que su tío no les daba de comer hasta que un día el dueño del establecimiento los descubrió y los niños estaban asustado porque tenían miedo de que el dueño del establecimiento se lo dijera a su tío ya que sabia que el les pegaría. Cada vez que pasaban cerca del establecimiento los niños temblaban de terror tenían miedo de que su tío lo supiera y los fuera a maltratar como siempre lo asía.

Azucena no confiaba del todo en su hermano Alberto y decidió volver a casa para ver como estaban sus hijos y cuando regreso se encontró con una desilusión que sus hijos parecían mendigo le dio mucha tristeza pero sobre todo mucha rabia porque pensaba que podía confiar en su hermano pero no era así y mantuvo una discusión con el y lo hecho de casa ya que no cuido de los niños bien para eso azucena le pagaba mensualmente

Y otra vez azucena se encontraba entre la espada y la pared ya que no tendría ninguna clase de ayuda por parte de nadie.

Azucena toma la decisión de irse a vivir a otra ciudad se fue con sus hijos a la isla margarita allí quiere empezar de cero pero lo que no sabia era que también se le aria difícil criar a tres hijos.

Alquilo una habitación empezó a trabajar y los niños irían a un nuevo colegio pero no era fácil.

Allí duro algunos meses Juana ya tenía ocho años, pero nada era tan fácil como ellos se lo imaginaban

Azucena se lo pensó muy bien tenia noches sin dormir ya que la decisión que tomaría seria difícil para ella y sus hijos, porque otra vez tendría que separarse de los niños ya que sola no podía mantenerlos

Así que decidió que entregaría a los niños a personas distintas pero conocidas

A lenis su hija mayor se la dejo a una amiga que se la llevaría para otra ciudad. A Juana se la entrego a una amiga de mandu la abuela de Juana. Y a Xavier se lo entrego a otra amiga pero lo que no sabia azucena era que al entregarle a su hija Juana a esa mujer para la niña seria un infierno pero azucena pensaba que tratarían a su hija bien y como a otra hija en vez de maltratarla como lo habían hecho.

Juana era una niña hiperactiva pero aun así no se merecía lo que hicieron a Juana la tenían como a una sirvienta ya que con esa edad debería de estar jugando con muñecas en vez de estar limpiando una casa

Juana no podía salir a jugar porque no la dejaban siempre la maltrataban y si no asía lo que le pedían le pegaba con un cable, la pobre niña sufría mucho.

Un día conoció a la hija de la señora donde se estaba quedando Juana ella la invitó a que fuera a su casa para que jugara con sus hijos ya que tenia cuatro. Juana se hizo ilusión porque le gustaba como la trataban en esa casa y estaba pensando en decirle a la señora que quería irse a vivir con ellos porque le gustaba como trataba a sus hijos parecía una madre adorable.

A Juana le hubiera gustado estar así con sus hermanos y madre ya que nunca tubo un padre pero como su madre tubo que hacer los dos papel el de padre y madre.

Juana un día se escapo de la iglesia donde asistía con la señora maría quien la cuidaba para irse a casa de su hija Juana se imaginaba que no la descubrirían por eso marcho cuando regreso la señora maría la estaba esperando no le dijo ninguna palabra se paro frente de Juana y con un cable le pego hasta que se canso pero Juana no lloraba porque ya no le dolían los golpes ya se estaba acostumbrando a que siempre le pegaran ya que era lo que siempre la señora maría hacia con ella.

Juana se fue a dormir pero con solo ocho años ya estaba pensando como escaparse de ese infierno donde vivía.

Así que tomo la decisión y se marcho a casa de la hija de la señora con quien vivía pensaba que como la hija de maría era abogada todo seria distinto y que la tratarían como a una hija pero otra vez se equivoco como no si solo era una niña que solo buscaba quien la quisiera ya que por nadie se sentía querida pero Juana no perdía la esperanza pero todo fue inútil ya que donde Juana pensaba que podría ser su hogar también la echaron a un lado seria la nueva chica de la limpieza.

Juana tenia que cuidar de los cuatros hijo de la señora Freddy la hija de la señora con quien estaba antes, Juana limpiaría la casa, hacer la comida, lavar las ropa, planchar, y así todos los días.

Pero la niña inocente seguía resistiendo a las humillaciones que pasaba todos los días

Cuando Freddy llegaba de trabajar Juana tenia que tener todo en orden pero los hijos de la señora Freddy eran tan malos que siempre hacían travesuras para culpar a Juana y así burlarse de ella como siempre.

Juana solo era una niña y siempre se ha comportado como una persona mayor los golpes que dan la vida así Juana a aprendido pero lo mejor que siempre a tenido presente es a su abuela mandu ya que ella siempre le ha dado fuerza de voluntad.

Así han pasado meses por no decir años Juana siempre a soñado con volver con su familia ya que para ella nunca la tubo.

Un día la señora con quien vive Juana les dijo que marcharían de viaje porque había comprado un piso y tenían que irse así que todos hicieron las maletas pero

Juana estaba preocupada ya que su madre azucena la podía ir a buscar y no la encontraría.

Se habían marchado para un pueblo donde vivían las familias de Freddy. Allí empezarían una nueva vida para ellos porque Juana seguiría siendo la sirvienta de todos. Ya se instalaron en el nuevo piso todos estaban contentos todos tenían una cama donde dormir pero como Juana era la sirvienta de la casa solo le tocaría una colchoneta donde dormir ya que no se podía mezclarse con los hijos de Freddy eran niños pijos porque su madre todo se lo daba no les faltaba de nada.

Se habían cambiado a una ciudad en la capital nadie sabia que Juana ya no vivía donde se supone que su madre la había dejado eso era la preocupación de Juana

Un día Freddy levanta a Juana de la cama y le dice que van a visitar a la abuela de los niños por parte de padre pero primero tenia que limpiar la casa porque ella recibiría una visita muy importante y los niños no podían estar en casa así que os llevarían a casa de su ex suegra para que los niños jugasen allí mientras que Freddy trabajaba en casa. Siempre se iban de visita a casa de la abuela de los niños allí pasaban el día hasta que Freddy los recogían para ir a casa

Un día Juana se tenía que queda con los niños en casa de la ex suegra de Freddy a dormir con los niños y allí estaba el marido de la ex suegra de Freddy.

Juana estaba durmiendo cuando el se quiso meter en la cama de Juana para abusar de ella pero Juana no dejo que se le acercará le decía que por favor no le hiciera daño y que si no se iba se lo diría a su esposa.

Juana ya no quería ir más a esa casa pero tampoco le decía a Freddy lo que le había pasado con el esposo de su ex suegra porque de seguro que ella le diría que Juana tenia la culpa de lo que le había pasado por eso decidió callar para siempre

Juana se fue a la cama como todos los días pensando en su familia y cuando su madre le iría a buscar la pobre no perdía las esperanzas en volver a ver a su familia ya que para ella esa era su ilusión.

Por la mañana cuando Juana se levanto Freddy le dijo que hiciera la limpieza y la comida que ella vendría para comer.

Pero Juana como seguía siendo una niña se distrajo viendo la tele y cuando se dio cuenta ya estaba a punto de venir Freddy del trabajo lo único que Juana hizo fue correr asía la cocina para hacer la comida porque sabia que Freddy le pegaría por no hacer lo que ella le había mandado hacer y así fue cuando ella llego Juana estaba en la cocina asustada en un rincón ya que sabia lo que le pasaría Freddy cojio y le dio una bofetada la hija mayor de Freddy se puso en medio de Juana y le dijo a su madre que no le pegara mas a Juana.

Juana le dujo que la dejara para que la matara porque para Juana era demasiado sufrimiento así que lo único que deseaba era morirse así que después que le pegasen y humillasen Juana se fue a la cama porque estaba adolorida. Espero que todos se durmieran se levanto cojio varias pastillas las mezcló y se las tomo pero en ese momento se despertó Freddy y encontró a Juana tendida en el suelo enseguida llamo a la ambulancia Juana no respondía estaba inconsciente. Al llegar al hospital le hicieron un lavado estomacal.

Cuando Juana despertó le hicieron muchas preguntas y que por que lo había echo pero ella no respondía tenia miedo de que si hablaba Freddy se enterara y le volviera a pegar así que calló pero cuando Freddy se marcho a casa Juana quedo en el hospital en observación se le acercó una señora le pregunto a Juana que tal estaba pero seguía sin responderle. Así que ella le dijo que no tuviera miedo de nada que ella le protegería de todo el que quisiera hacerle daño y que para eso ella estaba aquí y que le contara lo que había sucedido.

Juana la miro y le dijo que si le contaba lo que había sucedido estaría bien, y ella le dijo que si pero que tenia que contárselo para poderla ayudar. Juana le dijo que la señora con quien vive era su madrina y que ella le había pegado y que por eso ella se había tomado las pastillas porque siempre la estaba maltratando y que no quería seguir viviendo que preferiría morirse.

La asistenta le pregunto a Juana por su madre y ella le respondió que no sabia nada de su familia desde hace mucho tiempo, así que le dijo que si podían llevarla a una casa de acogida porque ella no quería seguir viviendo con su madrina Freddy. La asistenta le dijo que al tener una persona a su cargo no podría ir a una casa de acogida y que en la casa no podía salir cuando quisiera y tendría que levantarse a las cinco de la mañana y que no le recomienda que ella esté en ese sitio,

Juana lloro desconsoladamente porque de solo pensar que tendría que regresar con su madrina Freddy se ponía triste, pero no le quedaba de otra ya que no tenía con quien quedarse.

Cuando Juana llego a casa de su madrina todo estaba cambiado ya que Freddy tenía miedo de lo que Juana podría haber dicho en el hospital así que decidió apuntarla en el colegio junto con sus hijos.

Esa mañana que Juana asistiría al colegio junto con los demás niños al salir del piso estaban en el aparcamiento del edificio donde viven. Se fijo en un coche que estaba aparcado fijo la mirada asía el coche y dijo esa mujer se párese a mi tía maría cuando se jiro la mujer la reconoció y la llamo por su nombre Juana.

A Juana se le saltaron las lagrimas de emoción porque asía tiempo que no veía a un familiar se acercó a su tía y lo primero que le pregunto fue la dirección de su casa Juana le dijo a su tía que vivía en ese edificio y le dio la dirección completa le dijo que por favor la fuera a visitar le pregunto por su madre azucena y Juana le dijo que no sabia nada de ella pero que no perdía las esperanza de que la viniese a buscar muy pronto

Pasaron los días y Juana no tenia noticias de su tía cada vez que se levantaba para ir al colegio se fijaba en todos los coche para ver si veía a su tía pero nada así que ese mismo día Juana decidió escaparse del colegio e ir a visitar a su tía pero no lo aria sola así que les dijo a los hijos de su madrina que si querían acompañarla a visitar a su tía y se fueron juntos caminaron sin saber donde ir ya que no conocían esa dirección tres niñas solas en una calle era muy peligroso ya que corrían el riesgo de que algún hombre abusaran de ellas pero Juana no pensaba en el riesgo que corrían lo único que Juana deseaba era poder ver a su tía ya que era el único familiar que había encontrado.

Juana insistió tanto que por fin dieron con la casa de su tía. Ella se sorprendió de verlas allí en vez de estar en el colegio

Juana se alegro de volver a ver a sus primos que asía tiempo que no los veía tenia mas primos que no conocía y Juana se propuso irse a vivir con su tía llego la hora de que se marcharan porque se supone que estaban en el colegio a si que la tía de Juana las acompaño a casa y allí conocería a la madrina de Juana.

Charlaron un buen rato y las niñas acordaron de que no dirían nada de lo que habían hecho pero Juana sabia que su madrina les revisaba los cuadernos para saber lo que habían hecho pero Juana fue lista y cambio las fechas de los cuadernos pero sabia que la mentira no le duraría mucho tiempo.

En la tarde cuando llego la madrina de Juana encontró a su tía allí en casa y Juana se la presento Freddy le dijo que era su tía y que la había encontrado de casualidad en el aparcamiento del edificio donde viven la tía de Juana y su madrina estuvieron un buen rato hablando de todo lo referente de Juana y Freddy se lo contó ya era de noche y la tía se tenia que marchar Juana estaba asustada porque se quedaría a sola con su madrina, ya que tenia miedo de que descubriera lo que había hecho pero esa noche todo estaba calmado pero aun así Juana seguía preocupada.

Freddy le propuso a la tía de Juana que viniera tres veces por semana para que trabajara en su casa y ella acepto así que Juana no perdería el contacto con su tía ya que tenía la ilusión de irse a vivir con ella.

A las tres semana o así Juana tubo una discusión con la hija mayor de su madrina y ella dijo que le contaría todo a su madre Juana le dijo que lo hiciera que ya no le importaba porque en todo caso ya no quería seguir viviendo con ellos así que la niña le contó todo a su madre cuando llego.

Freddy le pego como siempre pero no le pego por lo que habían hecho si no por lo que dijo Juana de que no quería seguir viviendo con ellos eso le cabreo mucho.

Juana le dijo que si era verdad lo que había dicho. Pero Freddy por maldad le dijo que no la dejaría que se fuera con nadie desde entonces Juana se portaba mal para que Freddy se cansara de ella y la llevara con su tía y así pasaron los días y Freddy ya estaba cansada de Juana le dijo que si se quería marchar con su tía que recogiera sus cosas que ella misma la llevaría porque ya no la soportaba mas. Juana se alegro por un lado pero por otro no sabia lo que opinaría su tía de que ella se fuese a vivir con ella y sus hijos.

Freddy se presento en casa de la tía y le dijo que se la traía porque ya no la soportaba más y que Juana no quería seguir viviendo con ellos así que allí se la dejo. Pero la tía de Juana le dijo que no se la podía dejar porque la casa era pequeña y que tenia cinco hijos además seria otra boca que mantener y ella trabajo no tenia y que no se la podía dejar aquí.

Freddy no miro asía tras porque no quería saber nada de Juana ni siquiera se despidió de ella ni un adiós solo quería marchar y no saber nada de ella.

Cuando Freddy marcho a su tía no le hizo mucha gracia de que estuviera Juana viviendo con ella así que lo primero que le dijo fue que ella tenia que trabajar para poderla ayudar con el alquiler de la casa y la compra de la comida porque ella no la iba a mantener y que no estuviera coqueteando con los hombres que por allí vivían porque no se lo iba a permitir.

Juana se quedo sorprendida con lo que su tía le estaba diciendo ya que la estaba tratando como a una mujerzuela y solo era una adolescente.

Vivian en una casa en ruina no tenían habitaciones ya que la casa era pequeña no tenia agua tenían que comprarla pero a Juana no le importo nada de eso así que lo único que le contesto a su tía era que por la mañana le levantaría para buscar trabajo en vez de levantarse para ir al colegio.

Ala mañana siguiente su tía la levanta y le dice que la va a llevar a ver a una amiga para que ella trabajaría con ella y así lo hizo Juana. Llevaba meses trabajando en una casa de familia todo lo que cobraba mensual se lo entregaba a su tía pero no le duraría mucho tiempo el trabajo.

Juana tenia miedo de regresar a casa y comunicarle a su tía que le habían despedido del trabajo pero no le quedo de otra así que cuando regreso se lo dijo a su tía y ella se enfado mucho con Juana le dijo que no valía para nada y que solo era un estorbo que por eso su madre la dejo con una desconocida y que si no buscaba trabajo se tendría que marchar de casa

Juana le dijo a su tía que le hiciera comida para vender en la calle y así traería dinero a casa a la tía le gusto la idea y así lo hicieron Juana se levantaba todos los días para vender la comida mientras sus primos asistían al colegio la niña caminaba kilómetros y kilómetros para poder vender todo lo que su tía le había preparado su tía le decía que no volviera hasta que no haya vendido todo y que ni se le ocurriera comerse la comida porque solo era para la venta,

La niña pasaba todo el día en la calle sin comer nada para poder vender y así su tía no se enfadaría con ella y no la echaría de la casa, y siguieron pasando los meses ese día llego unos de los primos de Juana y le dijo delante de su tía que un hombre le había mandado saludos pero ella dijo que no lo conocía y que no estuviera dándole recados de nadie cuando su tía escucho lo que su primo le estaba contando a Juana se enfado mucho y le dio una bofetada le dijo que no volviera a pasar porque no se lo iba a permitir porque ella se estaba comportando como una prostituta.

Como se le ocurre hablarle así a una niña porque todavía Juana era una niña ya que seguía jugando con muñecas siempre con los maltratos lo único que se le pasaba por la mente a Juana era morirse ya que en esta vida lo único que Asia era sufrir y ya estaba cansada de todo y todos. Pero no quería marchar a vivir con su otra tía ya que vivía a tan solo dos casas de donde se encontraba Juana viviendo

Una mañana Juana se levanto izo todos los deberes de la casa estaba tan cansada que se sentó en ese momento vio un coche y le pareció a ver visto a su hermano pero como ella tenia la ilusión de ver a su madre y hermanos pero Juana no se alerto y lo único que hizo fue quedarse sentada pensando de que si podría ser verdad de lo que había visto.

Pero sus ojos no la engañaron lo que había visto era verdad de repente a Juana la mandaron a llamar de casa de su otra tía y cuando Juana llego vio a su madre pero en vez de alegrarse mas bien se asusto mucho ya que tenia mucho tiempo sin ver a su familia Juana no sabia lo que sentía en su corazón porque todo lo que le había sucedido en parte su madre tenia la culpa ya que para Juana su madre le había abandonado pero cuando su madre la dejo con la señora maría Juana era solo una niña que no entendía lo que estaba sucediendo.

Por fin Juana estaba con su familia verdadera se quedaron unos días en casa de su tía además azucena tenia muchos años sin ver a sus hermanas desde la muerte de la abuela de Juana.

Llego el momento de marchar y Juana estaba triste porque aunque su tía no la quiso

Ella le entristece pensar que deja sola a su tía ya que estaba acostumbrada a vivir con ella pero era lo mejor ya que su madre azucena había venido a por ella para ya no esperarse nunca mas

Cuando por fin llegaron a la que seria la nueva casa de Juana se encuentra con que tiene un padrastro llamado jacinto al Principio para Juana todo era tan extraño ya que tenia mucho tiempo que no vivía con su madre y hermanos. Pero se sentía muy feliz de sentirse querida por sus familiares mas allegada.

Cuando Juana llego a casa le presentaron a su padrastro pero desde el primer momento le cayo muy bien ella pensaba que seria uno de esos padrastros que les pega a sus hijastros y que los maltrata pero no era todo lo contrario era lo mejor que les podía haber pasado ya que desde el primer momento se le metió en el corazón de Juana.

Azucena inscribió a Juana en el colegio junto con sus hermanos asistía todo los días al colegio nunca faltaba porque pasara lo que pasaba era buena estudiante pero seguía siendo una niña rebelde ya que nunca podrá olvidar lo que le hicieron vivir para ella eso estaba clavado como una espina en su corazón, su madre las llevo de paseo se los presento a sus amigas y poco a poco se fue acostumbrando a vivir con ellos ya que se encontraba feliz pero como Juana tenía muy mal carácter todo eso que un día fue felicidad para ella poco a poco desaparecería

Pasaron los meses y Juana le comento a su madre de que ella quería trabajar porque estaba acostumbrada y le gustaba y que si trabajaría seria por su cuenta y que nadie la obligaría hacerlo pero que nunca dejaría de estudiar su madre le dijo que si quería trabajar ella le ayudaría pero que no dejara los estudios. Azucena le presento a una familia que creían mucho en dios y que estaban buscando una chica que les ayudara en las tareas del hogar y que solo trabajaría por la mañana y por la tarde asistiría al colegio solo con esa condición y Juana acepto porque ella ya tenia once años y tenia claro lo que quería. Juana se levantaba todos los días a las cinco de la mañana para ir a su trabajo y nunca falto al colegio después de limpiar la casa donde trabaja Juan ayudaba a la señora a cocinar porque le gustaba llegado el momento de sentarse a la mesa para

Comer Juana decidía llevarle la comida a su madre para que la compartiera con sus hermanos prefería marcharse al colegio sin comer que no llevarle la comida y cuando llegaba por las tarde le daba la comida a su madre para que la compartiera entre todos.

Juana siempre ha sido una niña muy solidaria ya que siempre pensaba en su familia para ella era lo primero en su vida aunque seguía siendo una niña muy rebelde ya que en el colegio se peleaba con todos para defender a su hermano porque era el mas pequeño de los tres.

Juana ya no le tenía miedo a nadie y a nada por los golpes que le dio la vida se sentía fuerte por lo que le había sucedido. Se enfrentaba a todos incluso a su madre. De tanto sufrimiento Juana era demasiado rebelde incluso su misma madre no podía controlarla se peleaba con sus hermanos. Juana siempre decía que su madre no la quería y que ella no era hija de azucena porque siempre su madre le pegaba ya que Juana se portaba mal cada vez que jugaba con sus hermanos salían peleándose por el carácter que Juana tenia.

Un día recibieron una visita de uno de los tíos de Juana nunca habían tenido contacto con ellos y de repente se aparece como si nada hubiera pasado ya que azucena les tenia un poco de rencor porque nunca quisieron a su madre estuvieron mucho tiempo sin saber de ella, nunca se molestaron en hacerle una visita, y ahora después de muerta tampoco se molestan en por lómenos llevarles flore a su tumba.

Pero azucena eso nunca se lo reclamo, el tío de Juana vino a pasar una temporada con ellos pero lo que nadie se imaginaba era que tenia pensado quedarse a vivir para siempre con ellos.

De momento todo iba bien en casa todos se supone que se querían pero de la noche a la mañana el tío de Juana empezó a juntarse con malas persona, se drogaba, bebía todos los días incluso llego a levantarle la mano a Juana y sus hermanos pero cuando azucena regreso del trabajo los niños no dudaron en contarles que su tío les había golpeado. Azucena llamo a su hermano y le dijo que por favor se marchara de casa porque ella no iba a permitir que nadie les pusiera las mano encima a sus hijo ya que ella no lo hacia

El se enfadó muchísimo y le dijo azucena que ella no corregía a sus hijos y que por eso serian malas personas como su madre. Azucena lo único que le dijo fue que no le iba a permitir que criticara su forma de educar a sus hijos además nunca le hizo una visita de hermano y de repente se presenta en su casa como si nada hubiera sucedido y que se marchara por que el tenia muy mal genio y no quería que viviera con ellos porque ella lo a pasado muy mal con sus hijos y que nunca les había pedido ayuda a ninguno de sus familiares y no quería que ellos se la pidiera a ella porque se habían portado mal con su madre y que no quería saber nada de su familia por que si no quisieron a su madre mucho menos la querrían a ella y sus hijos así que tendría que marcharse

En un año pasaron por la casa de azucena casi toda su familia pero ella no permitió que se quedaran a vivir con ellos y por eso vivían cambiándose de casa para que no dará con ella ya que nunca se la ha llevado bien con sus hermanos lo único que ellos quería eran vivir de azucena

Juana ya era una adolescente pero seguía trabajando y estudiando todo los días se levantaban temprano para hacer sus quehaceres y nunca llego a faltar a su colegio

Su madre se sentía muy orgullosa de ella pero nunca se lo dijo ya que Juana siempre se portaba mal con sus hermano y su madre siempre acababa pegándole un día Juana se peleo con su hermano Xavier y su madre le pego tanto a Juana que la niña no podía dormir ya que estaba adolorida de la paliza que su madre le había dado a Juana. Al día siguiente azucena llamo a una sicóloga y pidió cita para los niños especialmente para Juana que era la más rebelde de todos

Cuando Juana asistió a la consulta de la sicóloga se derrumbo cuando empezó a contarle todo y que no se sentía querida por su madre ya que todo lo que ella asía le molestaba a su madre y que por eso Juana decía que ella no era hija de azucena y que a sus hermanos ella no los trataba como trata a Juana

La niña lloraba desconsolada a la sicóloga se le saltaron las lagrimas por la historia que le estaba contando Juana.

La sicóloga hablo con azucena y le dijo que Juana estaba bien pero que lo único que debería hacer es entenderla un poquito porque la niña tenia un carácter fuerte porque nunca a tenido un padre que le pusiera carácter y que era lo único que Juana necesitaba en su vida y si no se resolvía ese problema Juana nunca cambiaria

Juana era una niña muy independiente ya que cada vez que discutía con su madre se marchaba de casa sin decir nada a nadie es decir que se escapaba así muchas veces cuando su madre se enteraba de lo que había hecho Juana. Enseguida cojia el teléfono y llamaba a su hija pero Juana no le contestaba las preguntas que su madre le hacia ya que no sabia que decirle para no herir sus sentimiento.

Pero nunca perdió el contacto con su familias ya que ella se mudaba cerca de ellos como para protegerlos no permitiría que nadie les hiciera daño cuando Juana marcho de casa ella trabajaba ya que siempre le a gustado trabajar para poder tener lo que ella quisiera

Juana siempre estaba de casa en casa ya que no quería volver con su madre por temor a que le reprochara las cosas y por eso decidía quedarse en casa de la que ella consideraba sus amigas un día una de sus amiga le dijo que le acompañara a buscar un televisor que le estaban arreglando.

Cuando llegaron el dueño del local le dijo que si podía venir al siguiente día porque tenia muchísimo trabajo y no podía atenderlas.

La amiga de Juana le dijo que no podía porque tenía que trabajar pero que mandaría a alguien a por la tele.

Juana se ofreció a ir el siguiente día pero lo que no sabia era lo que ese hombre estaba planeando lo que le quería hacer a Juana

Entretuvo mucho a Juana contándole que ella se parecía mucho a su ex mujer y que tenía mucho dinero y cuando Juana se dio cuenta ya habían cerrado la puerta de la entrada con llave así que el hombre la obligo hacer cosas que Juana no quería el hombre le amenazaba con matarla si no le asía lo que el querría Juana lloraba y en ese momento se acordó que el le dijo que ella se parecía a su ex esposa y así que Juana le decía que por favor no le hiciera daño que por el parecido que ella tenia con su ex esposa pero el le decía que no la metiera en porque ella estaba muerta para el eso.

Le dijo a Juana que se desnudara ese fue el peor día de Juana ya que lo único que ella quería era hacerle un favor a su amiga y así estuvieron toda la noche pero al fin amaneció y el le dijo que se levantara y se vistiera Juana lo único que asía era llorar y darle gracias a dios porque el hombre se había arrepentido y no le hizo daño.

Cuando Juana salía del local donde prácticamente estuvo secuestrada el hombre le dijo que no dijera nada ha nadie porque si que le aria daño y que ni se le ocurriera ir a la policía porque no le creerían.

Pero Juana había sido violada no vaginalmente pero si oralmente se sentía sucia y apenas salio del local lo primero que hizo fue marchar a casa y meterse en la ducha y allí estuvo una hora ya que se sentía sucia y cada vez que serraba los ojos lo veía a el tocándola.

No sabia que hacer ya que no podía decir nada porque no le creerían. Ahora ese seria su dolor de cabeza ya que podía olvidar lo que le había ocurrido parecía una pesadilla en su vida se había imaginado que algo así le podía haber ocurrido Juana decía que si estuviera con su familia seguro que no lo hubiera conocido y mucho menos le hubiera pasado lo que le paso con ese hombre.

Pasaron los meses y aunque Juana no podía olvidar esa violación decidió que el pasado no acabaría con ella y se puso a trabajar y poco a poco fue desapareciendo aunque no del todo siguió adelante y se fue a vivir con su madre y hermanos otra vez Juana se marcho muchas veces de casa de su madre pero también regreso muchas veces ya que con su familia estaba mejor y lo único que no le gustaba a Juana era que su madre la controlara ya que Juana era mayor de edad. Su madre le decía que mientras ella viviera bajo el mismo techo que su madre tenia que hacer lo que ella quisiera ya que esa era su casa y que si no le gustaba que se fuera por eso Juana siempre marchaba de casa porque prácticamente su madre la echaba Juana así lo comprendía y era lo primero que asía.

Cuando Juana tenía unos veintidós años conoció a un chico del cual ella pensaba que estaba enamorada. Ese chico era mujeriego pero a Juana no le importaba ya que le gustaba mucho. Llevaba tres años con ese chico hasta que un día descubrió que el tenia hijos y mujer y Juana no lo sabia pero después de enterarse de esa noticia Juana siguió saliendo con el hasta que un día Juana conoció a un hombre que le prometió muchas cosas a Juana le dijo que si ella quería ganar dinero y que le proponía hacerse unas fotos y mandársela a un amigo que la podría sacar del país para que ella ganara dinero.

Juana no lo pensó y le dijo que si así que el le dijo que vendría a por ella al día siguiente para tomarles las fotos y mandársela a su amigo.

Al siguiente día el fue a buscar a Juana y quedaron en un hotel pero Juana esta vez no sentía miedo ya que confiaba en el.

Empezó la sesión de fotos con Juana el le tomo tantas y de esa escogería las mejores para mandársela a su amigo y colgarla en Internet y que le pagarían por eso Juana estaba decidida a ganar mucho dinero

A la semana siguiente de que Juana se tomara las fotos el hombre que se las hizo el cual se había convertido para Juana en un amigo la llamo por teléfono y le dijo que tenían que hablar Juana se puso muy contenta ya que el le tenia buenas noticias sobre las fotos que le había hecho.

Por la noche cuando Juana estaba trabajando el fotógrafo que así le puso Juana como nombre llego y la saludo le pregunto que si podían hablar Juana le contesto que si el le dijo que si podía salir un momento fuera que le quería presentar a una amiga y Juana le contesto que si pero que no podía tardar mucho porque estaba en hora de trabajo.

Juana salio fuera y el le presento a una mujer llamada Alejandra pero su nombre de pila era Gina. Gina la mujer que acababa de conocer Juana le pregunto que si le gustaría irse a trabajar para Alemania y que allí ganaría mucho pero mucho dinero y que lo único que Juana tendría que hacer era sacarse el pasaporte y que lo demás se lo dejara a ella que se encargaría en comprar el billete y Juana le dijo que estaba bien y que estaríamos en contacto para hablar y acordarlo todo y que estaba encantada en conocerla pero que ya tenia que trabajar o le llamaría la tensión por no atender su trabajo pero Juana y Gina intercambiaron de numero de teléfono para poder estar en contacto a Juana le convenía no perderla de vista ya que ella s estaba asiendo ilusiones con salir del país porque ya no quería ser pobre y su ilusión era comprarle una casa a su madre y hermanos.

Pero Juana tenia tan mala suerte que un día trabajando le dio un cólico pero ella por no dejar tirado a su jefe no izo caso del dolor incluso se fue de fiesta Juana pensaba que como no había comido nada en todo el día pensaba que era por eso así que incluso se puso a beber alcohol pero ya no podía aguantar más así que Juana les dijo a sus amigos que si podían llevarla a casa porque le dolía mucho la barriga.

Juana llego a casa y se acostó a dormir pero era tan fuerte los dolores que Juana se retorcía de dolor a la mañana siguiente Juana se levanto al baño pero estaba tan débil que se mareaba y no podía andar cuando su madre se levanto Juana le dijo que se sentía muy mal y que desde hace muchas horas que no soporta el dolor. Azucena la madre de Juana le dijo que se acostara que ella le aria un caldo para hacer estomago que seguro era por eso. Juana se tomo el caldo pero su estomago no lo retuvo y lo devolvió. Su madre le preparo una manzanilla pero nada Juana seguía mal así que su madre decide llevarla al medico A Juana le hicieron pruebas y el medico no encontraba nada malo y la mando a casa pero Juana seguía muy mala se retorcía de dolor vuelve su madre a llevarla al medico pero esta vez al hospital pero Juana no podía ni caminar así que su hermano la lleva en brazo hasta emergencias cuando llegaron tenían que esperar porque había mucha gente pero Juana se seguía quejando y esta vez los dolores eran mas fuerte que ella lloraba de tanto dolor y mas sufría su madre ya que no podía hacer nada para aliviarle el dolor a su hija azucena le pidió a doctor que por favor le atendiera a su hija porque le estaba doliendo mucho.

Por fin la pasaron para revisarla y el doctor le tocaba la barriga a Juana y ella se quejaba en un principio el doctor pensaba que era apendicitis pero que no estaba seguro de lo que Juana tenia así que decidió operarla de emergencia. A la madre de Juana le dieron una receta para que comprara los medicamentos azucena le dijo a su hija que se quedaría sola un minuto porque ella iba a comprar lo que el doctor le había mandado pero que si necesitaba algo su hermano Xavier estaría afuera Juana le dijo a su madre que no fuera a una farmacia donde no hubiese mucha luz pero su madre no le hizo caso y cuando azucena regreso le dijo a Juana que le habían robado el dinero pero que había ido a su trabajo y que había conseguido dinero para comprar los medicamentos Juana se enfado con su madre y le dijo que no fuera para esa zona pero su madre no le iza caso Juana se enfado no porque le hayan robado el dinero a su madre si no que le hubiera pasado algo malo a su madre ya que Juana se echaría la culpa a Juana la van a meter en quirófano y están su familia con ella pero a ella lo único que le preocupaba era que no la fueran a despedir del trabajo por no avisar lo que le estaba pasando pero su madre le dijo que no se preocupara que si la despedían no pasaba nada porque había mucho trabajo y que eso ahora no importaba y que se quedara tranquila además ya lo sabían y que vendría a visitarla.

Es hora de operar a Juana y su madre le dice que se quede tranquila que ella estaría aquí afuera esperándola y así fue cuando Juana estaba en el quirófano el enfermero le dice que se tiene que quitar las bragas pero Juana tenia vergüenza

El enfermero le dijo que no se preocupara que no le pasara nada Juana se quito la braga y el enfermero le dijo que iba a sentir un pinchazo pero que enseguida se quedaría dormida y que cuando se levantara todo habría pasado y que se relajara que contara hasta cinco. Ya paso sale el doctor para hablar con azucena la madre, y le dice que todo había salido muy bien pero que Juana no tenia apendicitis pero que se le había sacado tenia todo hinchado pero que no sabían por que y que en tres días se podía marchar a casa azucena le pregunta al doctor que si podía ver a su hija y el le contesta que ahora mismo estaba en observación.

Cuando sacaron a Juana de observación lo primero que hizo fue preguntarle a su madre que donde estaban sus bragas, su madre le dijo que no hablara y que ella la tenia se quedo dormida Juana se vuelve a despertar y le pregunta a su madre que donde estaba su cartera.

Como se había ido a quirófano pensando en que a su madre le habían robado su madre le insiste que se quede tranquila que todo estaba bien Juana todavía estaba bajo los efectos de la anestesia.

Juana ya tiene tres días en el hospital y su jefe la va a visitar el le pregunta como esta y Juana le contesta que bien y que dentro de poco le dan el alta y que su hermana venia a buscarla pero que ella dentro de poco le gustaría empezar a trabajar pero su jefe le dijo que mientras no se recuperara no podía trabajar y que no se preocupara que todavía tenia su trabajo ya que ella era la mejor empleada que a tenido.

Lenis la hermana de Juana la va a buscar porque le dieron el alta es hora de regresar a casa. Azucena la madre de Juana le tenía todo preparado para el regreso de Juana a la semana de que operaran a Juana ella ya quería trabajar ya que se aburría en casa decide llamar a su jefe y le dijo que tal día empezaba a trabajar y el le dijo que si todavía no se había recuperado que no fuera porque no quería ser responsable de lo que le pasaba pero Juana era tan rebelde que le dijo a su jefe que no se preocupara por eso y que no le pasaría nada. Su jefe le dijo que si quería trabajar que se fuera porque ella tenia las puertas abiertas de su trabajo

Juana por fin se fue a su trabajo y no tenía ni un día trabajando cuando llego una chica y mantuvo una discusión con Juana en su trabajo. En ese momento Juana se iba a sentarse cuando la chica se le acerca por detrás a Juana y le quita la silla y callo en el suelo

Juana se levanta y le grita que si esta loca que ella estaba recién operada la chica le dice que no sabia nada pero Juana no se quedo tranquila sino que se cojio a golpes con esa chica. Más tarde Juana tenia dolor y tubo que marcharse a casa cuando llego Juana no quería decirle nada a su madre porque sabia que ella le iba a regañar ya que no tenia ni quince días operada y ya quería trabajar pero de su madre no era tonta ya que se había dado cuenta desde que Juana llego ya que ella no podía caminar y se había ido directo a su habitación.

Su madre le pregunta y Juana no responde pero ya no aguanto mas y se acerco a la habitación de su madre y le dijo lo que había ocurrido en su trabajo pero Juana se sorprendió cuando su madre le dijo que si tenia dolor que se tomara una pastilla y se acostara porque la llevaría al medico para que la revisara y así fue.

A la mañana siguiente Juana sigue con dolor y se levanta temprano para ir al medico cuando llegaron azucena le contó al doctor lo que le había sucedido a Juana. Y el le dijo que tenia que esperar un poco porque delante de ella tenia a dos pacientes mas pero que no se preocupara que le atendería. Por fin le toca a Juana y el doctor le dice que se acueste en la camilla y empieza la revisión y el doctor le dice azucena que Juana tenia la herida abierta y que tenia que rajar otra vez porque tenia sangre y había que sacársela cuando Juana escucho que el doctor dijo que había que rajar otra vez se puso nerviosa.

El doctor le dijo a Juana que solo sentiría un pinchacito pero que no le dolería Juana le tiene pavor a las agujas cuando se acerco para ponerle la anestesia local Juana se cagaba en todo lo que se meneaba.

Le tuvieron que dejar la herida abierta para que cicatrizara así y el doctor le dijo que tenía que curarse ella misma en casa Juana salió aun mas adolorida ya que le estuvieron curando cuando salió de la consulta un niño que también venia a curarse una herida se puso a llorar cuando vio que Juana salió quejándose y le preguntaron a Juana que si la cura le había dolido y ella le respondió que no dolía para que el niño se calmara en el momento que se marchaban el doctor salió de la consulta y le dijo a Juana que si quería curarse no podía trabajar por lómenos dentro de un mes hasta que la herida cicatrizara bien Juana le dijo que estaba bien y que esperaría para volver al trabajo.

A los días de Juana estar en casa era sobre las doce y recibió una llamada en su móvil cuando contesto era la chica que su amigo el fotógrafo le había presentado ella le pregunto a Juana que si podían verse Juana le dijo que no porque asía poco le habían operado y que tenia que recuperarse porque a ella le interesaba mucho lo que habían hablado ya que Juana se quería marchar para Alemania.

Gina le dijo que no importaba y que esperaba que se recuperara pronto y que ya se vieran para hablar bien, Juana le dijo que la disculpara pero que no podía ni caminar.

Bueno en fin pasaron los meses y Juana recibe una llamada de un hombre cuando responde el le dice que estaba llamando de parte de Gina y que el se llamaba Saúl que si todavía seguía en pie de marcharse al extranjero pero que no marcharían para Alemania sino para España y le pregunto que si ya tenia el pasaporte para poder salir del país Juana le dijo que no pero que se marchaba al siguiente día a sacárselo Saúl le dijo que el se encontraba en caracas y que cuando ella fuera a sacar el pasaporte que le avisara porque el tenia un amigo que la podía ayudar. Juana le dijo que estaba bien y se despidieron se puso muy contenta ya que por fin Juana se marcharía de ese país porque estaba en malos paso ósea en una banda de ladrones y ella no quería esa vida para ella y por eso tomo la decisión de marcharse lejos de las cosas malas ya que ella no quería esa vida

Juana salía desde asía tiempo con un chico que tenia mujer tampoco querría eso para ella porque el no dejaría a su mujer por Juana le dolió mucho tomar esa decisión pero lo hizo

Juana decide seguir trabajando con su actual jefe para poder ahorrar dinero y marcharse ala capital para su pasaporte y cuando ella se lo contaba a sus amigos nadie le quiso creer ya que lo único que le decían era que no la dejarían entrar en otro país

Pero Juana le contesta que tocar la puerta no es entrar y que ella lo intentaría y que ellos no sabían nada perder la ilusión nunca. En fin Juana le dice a su madre que se marchaba para la capital y su madre le pregunta Para que y ella le contesto que iba a por su pasaporte porque era de verdad que se marchaba del país su madre solo hizo un gesto lo único que Juana dijo era que no le importaba que nadie le creyera y que de verdad se marchaba pero su madre la pregunta que donde llegaría ya que ella nunca había estado tan lejos de casa. Así que azucena decide llamar a su tía la hermana de su madre que vendría siendo tía abuela de Juana y le dice que su hija tenía que estar unos días por la capital y que si podía darle alojamiento mientras ella estaba por allí.

La tía de la madre de Juana le dijo que si y que no importaba el tiempo que estuviera que su casa estaba a disposición de ellas azucena le dice a Juana que se podía quedar en casa de su tía y que se portara bien porque son personas muy estrictas y no quería problemas con ellos.

Juana sale corriendo a despedirse de sus amigos y rompe su noviazgo con el chico con quien salía porque ella siempre a dicho que el no la quería solo estaba con el por joderlo de alguna manera sus amigos le hacen una despedida por lo alto pero Juana no quiere tomar mucho ya que había decidido marcharse al siguiente día así que les dice que marchaba a casa para poder descansar.

Juana llega a casa sobre la una de la mañana y se pone hacer las maletas coger fotos de su familia en especial de sus dos sobrinos Daniel Antonio que tiene unos tres años y de brando que también tiene un añito no le falto de nada.

Juana no puede dormir pensando en su primer viaje asía la capital ya que nunca había viajado tan lejos y no conocía nada además era muy peligroso porque había muchos delincuente pero eso no le impediría sacar su pasaporte ese era un nuevo reto para ella por fin Juana sierra los ojos y lo primero que hace es soñar con su viaje

Se levanta bien temprano se ducha y se despide de su familia su madre le dice que se cuide mucho y que dios la bendiga y la cuide por todo el camino para que nada le pase Juana coge su maleta y se pone en marcha solo pensaba como seria todo y que tal le iría por la capital estuvo casi diez hora para llegar a casa de su tía abuela y por fin de tanto viaje llega a su destino.

Toca la puerta y nadie contesta y espera un poco y vuelve a tocar y abre una joven Juana pregunta por su tía abuela y le dicen que no se encuentra pero que no tarda en llegar la chica le dice que pase para que coma algo ya que Juana tenia hambre porque no quería gastar mucho dinero había venido con lo justo Juana se ducha un poco y espera a que llegue su tía abuela.

Escucha un ruido de la puerta y se acerca Juana se quedo paralizada al ver a su tía abuela ya que se parecía muchísimo a su abuela mandu se le saltaron las lagrimas.

Le dio un abrazo a su tía abuela estuviera platicando un buen rato y no se dieron cuenta de que ya era de noche cenaron y se fueron a la cama.

Juana se levanta y le dice a su tía que se tenía que ir a la diex para sacarse el pasaporte porque se iba para España.

Juana renovó su cedula de identidad porque la tenia vencida luego se dirige a buscar información para sacar su pasaporte ya que ella quería hacer todo y marchar pronto pero lo que no sabia era que se le complicaría todo

Juana por fin de varios días caminando de un lado para otro consigue lo que buscaba que era tener su pasaporte en sus manos pero ya no le queda dinero y no se encontraba a gusto en casa de su ti abuela así que decide llamar a el hermano de su madre azucena el vive a tan solo una hora de donde se encuentra Juana viviendo con su tía y le pregunta que si podía ir a visitarlo el le contesto que si y ella no espero mas y marcho a ver a su tío Eduardo el le pregunto que asía por la capital y Juana le dijo que estaba sacándose el pasaporte porque se iría a vivir a España otro que no le creía.

Llego la hora de que Juana regresara a casa de su tía abuela pero antes de marcharse le pregunto a su tío que si ella se podía quedar unos días con el porque ya no quería seguir en donde se estaba quedando y el le dijo que si cuando quisiera que se fuera para su casa Juana marcho y le dijo a su tía abuela que ella se iría con su tío y que le daba las gracias por haberla recibido en su casa así que Juana hizo la maleta otra vez y marcho a casa de su tío y allí estuvo dos meses pero ella ya quería marchar con su madre y hermanos los extrañaba mucho así que mientras estuvo en casa de su tío ella asía las cosas de la casa le lavaba la ropa y le asía la comida era la forma de pagar por darle alojamiento.

Juana quería llamar a Saúl el chico que la llevaría a España ella le dijo que ya tenia el pasaporte el dijo que pronto la volvería pero no tenia dinero ni para llamar y se va a casa de una amiga y le pide el teléfono prestado para hacer una llamada al Saúl y le dice que ya tiene el pasaporte en sus manos y el le contesta que dentro de poco el la llamaría para ir a comprar el billete y que se irían los dos juntos a España Juana le dijo que estaba bien y que iría a visitar a su familia y cuando el la llame por teléfono ella volvería a ir a la capital a verle y que estarían en contacto.

Como Juana no tenia dinero para marchar decide vender su teléfono móvil y conseguir dinero y lo consigue

Le comunica a su tío que marchaba a casa de su madre y el dijo que estaba bien y que cuando ella quisiera volver, las puertas de su casa estarían abiertas.

Llego el día y Juana llega a casa de su madre y le pregunta que tal le fue todo y ella respondió bien y que solo estaba esperando la llamada de Saúl para ir a comprar el billete y marchar.

Juana se va a visitar a sus amigos y ellos le dicen que creían que ella ya se había marchado del país

Juana les dice que solo había ido a sacar el pasaporte y que dentro de poco se marchaba otra vez ellos le seguían diciendo que no saldría del país porque en el aeropuerto no la dejarían pasar Juana les dijo solo unas palabras (que sea lo que dios quiera) y otra vez Juana que quedaba de fiesta todos los días y su madre se enfadaba con ella ya que no le asía caso a su madre.

Lo único que su madre le decía era que no estuviera tan tarde por la calle ya que había mucha delincuencia y que ella tenía miedo de que le sucediera algo malo. Juana le decía a su madre que nada le ocurriría

Saúl llama por teléfono a Juana y le confirma que se tiene que ir a al capital porque tenían que comprar el billete y que ella tenia que estar allí para los datos de ella. El le da bien la dirección donde Juana tenia que llegar pero ella no lo conocía pero Juana siempre se arriesgaba a todo. Juana le dijo a Saúl que estaría allí puntual y que no se preocupara que no le fallaría ya que ella se quería marchar para empezar una vida nueva.

Esa noche que Juana recibió la llamada de Saúl ella se marcho a casa para darle la noticia a su familia de que por fin pronto se marcharía para España ese día llego mas temprano de lo normal y muy contenta pero cuando llego encontró a su madre enfadada y no le dijo nada solo se lo comunico a su hermana lenis.

Juana se cambia de ropa y se pone un pantalón muy corto porque iba a comprar para cenar y coje la bicicleta de su padrastro y su madre le dice que se cambie de ropa porque parecía una prostituta y Juana no le hizo caso y siempre se marcho pero cuando regreso su madre volvió a repetirle que parecía una prostituta Juana le contesto que a eso iba a trabajar a España y que no se preocupe que no la volvería a ver ya que Juana siempre decía que su madre le había recogido en un contenedor porque le hizo muchas cosas,como pegarle siempre serrarle la puerta para que Juana no entrara en casa muchas veces Juana tubo que dormir en casa de la vecina hasta que un día el hijo de la vecina intento abusar de ella así que no le quedo mas remedio que dormir detrás de la casa y pedirle a un primo que vivían con ellos que por favor le dejara una manta para dormir y el se la dejaba sin que su tía azucena se enterara porque se enfadaría mucho y siempre Juana le sacaba eso en cara

Así que Juana discutió esa noche con su madre y le dijo una palabrota su madre se acerco a ella y le dio una bofetada tan fuerte que le rompió la boca Juana se puso a llorar como una cría su hermana se acerco a ella y la abrazo y le dijo que se calmara pero Juana no era rencorosa así que preparo su maleta y a la mañana siguiente se marcho a la capital donde Saúl la esperaba. Todos sus recuerdos pasaron por su cabeza en un instante mientras cerraba la puerta de su casa ya que no volvería y el día que regresara seria solo de visita. Juana llega a la capital y se dirige a la dirección que Saúl le dio y donde ella tenía que llegar pero ya era tarde y Juana no sabia si tocar la puerta o esperar a que amaneciera ya que no quería molestar pero el la estaba esperando así que toca la puerta y Saúl le abre la puerta por fin se conocen y le dice a Juana que se acuesta para que descansara ya que se tenían que despertar temprano porque irían a comprar los billetes de avión para marcharse juntos a España.

A la mañana siguiente Saúl levanta a Juana para que desayune y le presenta al dueño de la casa donde se están quedando y se marchan Saúl ya a comprado los pasajes de avión solo faltaban dos días para marcharse así que Juana se prepara y decide llamar a su madre para despedirse de ella su madre le dice que se cuide y que apenas llegue a España que por favor la llame para saber que todo estaba bien y Juana rompe a llorar y le dice a su madre que la quiere mucho y que nunca lo olvidara y cuelga el teléfono.

Llego el momento de marchar Saúl y Juana se dirigen al aeropuerto en un taxi y está muy nerviosa ya que nunca había salido del país llegan al aeropuerto y se ponen a la cola para que lo revisen por si llevan estupefaciente ilegal los meten en una habitación y los revisan incluso las maletas le sacan todo para revisar bien después de la revisión los llevan a una clínica y les sacan radiografías para ver si llevan estupefaciente en el estomago incluso una guardia civil le pregunta a Juana que dijera cuantas llevaba en su estomago ya que un chaval que estaba a su lado tenia drogas en su estomago incluso se le había explotado una y tenían que operarlo de emergencia Juana le contesto a la guardia civil que lo único que tenia en su estomago era un pedazo de chicle que se había tragado en ese momento y que no tenia miedo de que le hiciera la radiografía porque ella estaba tranquila porque lo único que ella quería era irse de vacaciones para España

Después que salieron Juana y Saúl los llevaron de vuelta al aeropuerto pero no los dejaron pasar porque Juana había cambiado la foto de su pasaporte por otra mejor así que se tuvieron que devolver a casa ya que no los dejaron pasar otra vez Juana tubo que sacar su pasaporte de nuevo y volvió hacer todos los tramites pero esta vez no tardo mucho ya que en ese país se podía sobornar a cualquiera incluyendo a la autoridad así que tuvieron que pagar una multa por no coger el avión

Juana llama de nuevo a su madre para decirle que todavía estaba en la capital y que los habían devuelto del aeropuerto por su pasaporte pero e ya todo estaba listo y que saldrían al siguiente día. Juana le dijo a su familia que los quería mucho y que se cuidaran y colgó el teléfono

Juana se fue a casa para descansar ya que se tenían que ir otra vez al aeropuerto y estuvo toda la noche sin dormir ya que estaba nerviosa porque esta vez presentía que si se montarían en el avión que no tendrían ningún problema

Por fin amaneció y todo esta listo para partir se despiden del señor Humberto el dueño de la casa donde se estaban quedando Juana y Saúl cogen un taxi y se dirigen al aeropuerto cuando llegan para que no les hagan pasar por lo que ya pasaron la primera vez que fueron al aeropuerto un hombre se les acerca y les dicen que si quieren pasar sin problemas que les dieran algo de dinero para su jefe y comandantes así se ahorrarían

El trabajo de que los revisen otra vez y así lo hicieron Saúl les dio dinero para que no hubiera problema pero era el ultimo dinero que les quedaba Ya están en la sala de espera en el aeropuerto esperando para embarcar el avión pero se les acerca un guardia civil y les hace preguntas como que van haces en España y ellos contestan que van por vacaciones y así siempre

Llego la hora de embancar el avión y cuando están en la cola una mujer guardia civil le pregunta a Juana que si no la conocía y ella le dice que si que la primera vez que estuvo en el aeropuerto ella la llevo a una clínica para hacerse una radiografía y la dejo pasar sin problema Juana se dirige al asiento que le corresponde pero no le toco con Saúl cuando por fin despego el avión Juana sintió un vació en su estomago y se cojio fuerte de Saúl ya que una chica le cedió su puesto para que no tuviera tanto miedo ya que era la primera vez que viajaba

Estuvieron en el avión trece horas para llegar a España y el avión aterriza Juana y Saúl salen y se dirigen a una cola para poder entrar y los hacen esperar para hacerles unas preguntas rutinarias Juana abre su bolso y saca un papel que le habían dado unos testigos de Jehová y se pone a rezar el salmo 91 y le ruega a dios que no la devuelvan a su país de origen.

Se les acerca un guardia civil con los pasaportes de Saúl y Juana ya que se lo habían quitado, lo llevan a una habitación primero a Saúl y les hacen muchas preguntas y luego a Juana les preguntan que vienen hacer a España y donde se quedarían Juana les contesta que vienen de vacaciones y que tenían reserva en un hotel y le preguntan a Juana que si llevaba algo ilegal para introducir en España y ella les dijo que no

Uno de los guardias civiles le dice a Juana que le arrían una radiografía y que solo era rutinario y que no se opusiera Juana les dijo que no se preocuparan y que hicieran su trabajo que antes de salir de su país también le hicieron una radiografía.

Juana llevaba muchas cosas y se la revisaron todas, hasta los zapatos se lo quitaron para ver si pesaban ya que podía llevar algo ilegal como droga.

A Juana no le importaba que le revisaran ya que los agentes estaban asiendo su trabajo

Cuando por fin los dejan entrar y se dirigen hacia la salida del aeropuerto se dan cuenta de que no tienen dinero ya que todavía no había llegado la persona que los tenia que recoger en el aeropuerto ya tenían horas esperando pero nada que aparecían y no tenían dinero ni para llamar por teléfono así que

Juana le dijo a Saúl que aunque ella tuviera vergüenza tenia que hacerlo ella se dirige asía una señora y le dice que si puede dejarle un euro para hacer una llamada la señora le dijo que con mucho gusto se lo daría y Juana le dio las gracias por ayudarla

Saúl hizo la llamada ya que eran amigos suyos y le dijeron que se había retrazado pero que estaría allí enseguida y que no se preocupara que la amiga de Saúl mandara a su hijo a recogerlos y así desayunaran cuando llego el chico que los recogería tenían otro problema que no lo conocían así que tendrían que adivinar quien era pero no fue tan difícil enseguida los reconoció y en vez de salir hacia asturias se fueron para Albacete y Saúl sabia que los estaban esperando en asturias que eran donde tenían que llegar pero quería conocer así que se fueron estuvieron solo una noche ya que estaban llamando a Saúl por teléfono para saber si habían llegado a España el le dijo que si pero que estaban en Albacete porque no tenían dinero como llegar a asturias y una amiga se ofreció a irlos a buscar al aeropuerto Gina que es la chica que desde un principio los trajo a España le dijo que le pidiera dinero prestado a su amiga y que luego ella se lo daría pero que se fuera para asturias ahora mismo.

Saúl le dijo a Juana que se tenían que marchar porque los estaban esperando así que saldrían por la mañana y les dio las gracias por su hospitalidad pero que se tenían que marchar pero que estarían en contacto con ellos y que se marchaban por la mañana porque tenían mucho camino por delante Juana se despidió de todos y les dio las gracias por lo que habían hecho por ellos.

Saúl y Juana tomaron rumbo hacia asturias estuvieron todo el día de viaje y cuando llegaron a llanes ya era de noche y los estaban esperando era Carlos el tío con quien Juana y Saúl trabajarían el los llevo para que descansaran ya que habían llegado de madrugada y les dijo que vendría a buscarlo para que desayunaran ya que no tenían dinero para comprar comida

A Juana le dijeron que por la noche se tenía que ir a trabajar porque tenía que pagarles el billete de avión

A Juana la llevaron a un piso donde viviría con otras chicas que trabajaban en el club y a Saúl lo dejaron en otro piso.

A Juana le dijeron que no le diera confianza a un chico llamado José que iba mucho por el club y que lo único que el quería era llevársela a la cama y su compañera de piso le pregunto a Juana que si quería dar una vuelta y ella le dijo que si, a la primera persona que su compañera le presento a Juana era José y el le dijo que tenia unas ropa que había dejado una chica y que ella podía usar que por la tarde la vendría a buscar para que ella se la probara Juana le dijo que si porque no se le veía mala persona.

Cuando José fue a recoger a Juana por la tarde le dio la ropa y le pregunto que si quería dar una vuelta y ella respondió que si después de dar una vuelta con Juana la llevo al club donde trabajaría

Pero cuando Juana lo vio se le bajo hasta la tensión ya que nunca había trabajado en un club, a Carlos le dio mucha rabia cuando vio a Juana con el chico que el le había dicho que no hablara pero Juana no lo conocía y el se ofreció enseñarle parte de llanes y como Juana estaba ilusionada le dijo que si y que no había nada de malo que conociera gente Carlos le dijo a Juana que se fuera a casa porque por la noche tenia que trabajar así que se marcho.

Al llegar a casa Juana encendió el televisor estaba viéndolo cuando de repente salio un chico de la habitación y se presento se llamaba Eduardo y le dijo que el era el encargado del club y que el dueño era el tío y la compañera de piso de Juana se acerco a Eduardo y se le sentó en las piernas de el así que Juana pensó que si el era el encargado del club que no pensara que también se la follaría a ella así que se marcho a la habitación y se acostó un poco luego llego Saúl para ver como estaba Juana y decirle que se tenia que preparar para trabajar y que la esperaría abajo en el portal del edificio. porque calos la llevaría al trabajo Juana le dijo que estaba bien y que luego bajaría.

Por la noche recogieron a Juana y ella estaba nerviosa así que cuando llegaron al club a Juana le facilitaron unas ropa para que trabajara ya que no tenia nada ni siquiera zapatos Carlos llamo a Juana para la oficina y le dijo que se tenia que acercar a los clientes para poder ganar dinero y pagar sus deuda con el

Cuando Juana salio de la oficina se sentó en un rincón porque le daba vergüenza pero Carlos la observaba y un tío llamo a Juana y le pregunto su nombre y también le dijo que quería dormir con ella que pagaría una salida para ella a Juana no le quedo mas remedio que marcharse con ese tío que no conocía de nada pero como estaba pagando un servicio no podía rechazarlo así que se cambio de ropa y se marcho con ellos toda la noche Juana no sabia que hacer cuando llegaron le daba vergüenza y asco acostarse con un tío el cual no sentía nada por el lo único que asía era rezar para que amaneciera pronto no pego ojo en toda la noche

Apenas amaneció Juana se marcho ni siquiera espero a la otra chica que se había ido con ellos es mas no sabia donde estaba pero se sabia la dirección del piso donde se estaba quedando cojio un taxi y regreso a casa.

Lo primero que hizo Juana fue meterse al baño y darse una ducha de media hora luego se hecho en la cama y se durmió

Eduardo le pregunto que como estaba y Juana le contesto que bien pero en ese Juana se entero de que el salía con una chica que también trabajaba en el club

Carlos, gina, saul, Juana, Eduardo, y la novia de el salieron a comer y en ese momento Eduardo le tomo una foto a Juana y la puso en su móvil como salva pantalla ya le había echado el ojo a Juana pero ella no se daba cuenta y tampoco le gustaba como hombre.

Juana y la novia de Eduardo se hicieron amigas así que salían por hay a tomar algo pero esta engañaba a su novio le decía muchas mentiras así que ella lo dejo por otro, el pobre chaval no sabia donde estaba su novia estuvo días esperándola pero ella no regreso

Un día Juana estaba en casa ese día no fue a trabajar porque se lo habían dado como descanso y el fue por la noche y le dijo a Juana que si quería salir pero ella le contesto que no porque estaba cansada y no se le apetecía salir así que se quedo en casa y Eduardo marcho pero antes le dijo que si salía que estaría cerca

Mas tarde llego una compañera de Juana y le dijo para salir pero a Juana no se le apetecía y le dijo que no

Pero esta le dijo que no aceptaba un no por respuesta así que Juana se cambio de ropa y salio se fueron a una discoteca cerca de casa.

Juana no tenia ni un mes de haber llegado a España y ese día se fue con su amiga a tomar algo tenían rato bebiendo cuando de repente se cruzaron con Eduardo y el les invito a tomar una copa y las chicas aceptaron porque lo conocían así que se fueron los tres al bar. Pero Juana ya estaba un poco contenta y le dijo a Eduardo que ella se marchaba porque se sentía borracha y el se ofreció llevarla a casa pero en el momento que se dirigían a la casa el la llevo al coche y le dijo a Juana que ella le gustaba mucho desde el primer momento que el la vio y la beso a Juana también le gusto y se acostaron juntos desde ese momento salían juntos pero nadie lo sabia así lo quisieron ellos pero lo que Juana no sabia era que ese chico al que ella empezaba a enamorarse le cambiaria la vida para siempre

No tenia ni un mes junto cuando un día a Juana se le apetecía beber y el único problema era que estaba en el trabajo y un chico llamado Alberto era cliente habitual del club pero lo mas raro era que el no estaba con ninguna chica solo iba a tomar una copa Juana le pregunto que si podía comprarle una cerveza allí ya que las chicas no podían comprarlas ellas misma y el le dijo que si, así que Juana y una compañera estaban bebiendo a escondida de todos pero Eduardo se dio cuenta y llamo a Juana a la oficina y le dijo que no le gusta que lo engañen así que cojio a Juana por el cuello y la estaba ahorcando pero nadie podía hacer nada por ella ya que el cerro la puerta por dentro y le dio una paliza a Juana nadie se entero

Cuando Juana salio estaba llorando y se fue al baño para que nadie la viera. Eduardo llamo a su tío para que viniera y contarle lo que había sucedido con el y Juana el se dirigió al piso donde se estaba quedando Juana recogió algunas cosas que tenia allí y se marcho a casa de su madre, pero Juana ya estaba enamorada de Eduardo el duro unos días sin asistir al trabajo Juana tenia moretones por todo el cuerpo y tenia miedo que el regresara y la matara ya que en España hay muchas violencia de genero así que cerraba con llaves la puerta y le ponía el Pertillo a la puerta y así el no pueda entrar, ya pasaron los días y Juana estaba sufriendo ya que ella quería a Eduardo y para saber de el ella llamaba a un amigo del para saber como estaba y le decía que no le dijera que ella había llamado

En el trabajo no se dirigían la palabra cada uno estaba a lo suyo pero Eduardo sufría al ver a Juana que se tenia que acostar con los hombres por dinero y el no le decía nada a Juana, paso el tiempo y volvieron a estar juntos y como a Juana no le gustaba trabajar en el club siempre faltaba al trabajo estaba con depresión ya que poco salía de casa por miedo a que los hombres que al club iban la reconocieran por la calle así que se quedaba en casa

Pero eso a Carlos no le gustaba porque todavía Juana le debía dinero del billete de avión así que ella trataba de no faltar ya que cada vez que no iba a trabajar era una multa que tenia que pagar y por eso nunca tenia dinero

Un día Juana estaba en casa cuando llego Saúl para decirle que el se marchaba porque no soportaba a Carlos y su mujer ya que ella se había convertido en nuestra enemiga numero uno todo lo que Juana decía y asía le molestaba incluso llego a decirle a Juana que no saliera porque la policía la podía coger y deportarla la quería tener como prisionera hasta que le pagara lo que le debía

Eduardo renuncio a su trabajo ya que no le gustaba y puso su propio negocio y le propuso a Juana irse a vivir juntos y acepto porque lo quería ya le faltaba poco para saldar su deuda con Carlos, y apenas pago todo lo que debía se marcho del club y todavía Eduardo no le había presentado a su madre hasta que se fueron juntos vivían en una casa muy pequeña pero no duraron mucho y vino la primera pelea con el aunque Juana vivió muchas cosas bonita también vivió un infierno con el no todo era color de rosa como ella se lo imagino que seria.

Cuando tuvieron su primera pelea como pareja el pagaba el piso así que le volvió a pegar a Juana y la hecho de casa en pleno invierno pero ella no tenia a donde ir y tubo que dormir en la calle asía mucho frío Juana pensaba que iba a morir de frío ya que no se podía esta en la calle sin abrigo rezaba para que pronto saliera el sol, y cuando por fin salio el sol Juana cojio una silla y se sentó bajo de el para poderse calentar porque tenia las mano y los pies congelado pero aun así Juana tenia frío el salio de la casa y le pregunto a Juana que donde había pasado la noche pero ella no le contesto porque estaba enfadada y el se marcho Juana lo único que asía era llorar sin parar porque no podía creer que eso le estuviera pasando así que se fue y se acostó en un sofá viejo que estaba fuera de la casa y allí se durmió.

Pero al rato el regreso y despertó a Juana y le dijo que se acostara en la cama al final le dio pena lo que le había hecho a Juana ya que echar a un ser humano a la calle a media noche y en pleno invierno no se le hace ni a un animal

Pero ese no seria ni la primera ni la ultima ya que el tenia mal genio y cada vez que el quería echaba a Juana a la calle así tantas veces incluso tubo que vivir una semana con su suegra porque no tenia adonde ir ya que Juana estaba ilegal en España y Eduardo se basaba de eso para amenazarla con denunciarla para que la deportaran

Hasta que un día Juana no aguanto mas i decidió dejarlo ya que ella no había salido de su país para que la maltrataran como el lo estaba haciendo

Juana estaba trabajando y le dijo a Eduardo que se marchara y aunque Juana seguía enamorada de el no podía permitir que siguiera maltratándola así que el se fue con su madre ya que había tenido una fuerte pelea con Juana pero esta vez ella no lo permitiría le decía a ella que la denunciaría para que la mandaran para su país y se separaron, Juana estaba sola en casa y todos los días se levantaba temprano y marchaba a su trabajo. Ese día Juana siente nauseas y esta segura que estaba embarazada era lo que ella deseaba con toda el alma así que para confirmarlo fue a la farmacia y compro una prueba de embarazo y salió positiva. Estaba contenta pero no sabia que hacer ya que estaba sola y no sabia como desrícelo a Eduardo

Cuando por fin decide llamar a Eduardo para darle la noticia de que estaba embarazada, le llamo y le dijo que tenían que hablar el respondió que después del trabajo la vería

Así que Juana estaba nerviosa ya que no sabia como darle la noticia y que al decírselo volvería con ella pero no era lo que Juana se imaginaba ya que al darle la noticia lo único que el le dijo era que tenia que abortar porque el no estaba preparado para ser padre Juana se quedo sorprendida no esperaba esa reacción de Eduardo pero eso no es todo de repente el le dijo a ella que podía pedir cita para que Juana abortara y lo único que ella le dijo era que se lo pensaría y el se marcho Juana se quedo destrozada ya que pensaba que se alegraría de ser papa.

Juana decide cambiarse de piso y seguir trabajando hasta que diera a luz a su primer hijo y cuando por fin se cambio de piso volvieron hacer amigos ya que tendrían algo en común un hijo hasta que Juana se entero de que Eduardo ya tenia una novia pero eso a Juana no le importaba porque seguía enamorada de el así que de vez en cuando mantenían relación así pasaron los meses y Juana ya no puede trabajar porque esta a punto de dar a luz a su primer hijo el cual le pondrían el nombre del padre y el se puso muy contento al saber que ya era padre y todos los días visitaba a su hijo y ayudaba a Juana a bañar al niño ya que el decía que el lo aria todos los días

Juana no tiene trabajo así que tiene que depender de Eduardo para que la mantenga mientras ella consigue un trabajo pero tiene un grave problema que no tiene quien cuide de su hijo y no puede estar mas tiempo así sin dinero pero no tardo mucho en encontrar un trabajo como ayudante de cocina así que llamo a su madre azucena y le propuso venir a España para que le ayudara con su hijo mientras ella trabajaba su madre no lo pensó y le contesto que si.

Juana se entero de que Gina la chica que la había traído a España viajaría a su país y fue enseguida hablar con ella para que le trajera a su madre pero esta le dijo que la traía con la condición de que trabajara otra vez en el club para que le pudiera pagar el billete así que Juana acepto con tal de volver a ver a su madre ya que asía tres año que no la veía. Fue una alegría para Juana cuando fue a recoger a su madre al aeropuerto tenia muchas ganas de verla y que conociera a su nieto patricio que solo tenia meses de haber nacido azucena estuvo unos siete meses en España con su hija Juana en un mes Juana pago la deuda de su madre y se retiro del club y les puso una denuncia hasta que ya no quiso saber más de ese trabajo ya que prácticamente la obligaban para saldar su deuda

Y cuando su madre marcho a su país de origen Juana se quedo sola otra vez entonces empezó su verdadero infierno ya que el padre de su hijo la empezó a maltratar Juana no tenia dinero para pagar el piso y decidió ir al medico para que le recetara medicina porque estaba con depresión cuando el doctor la reviso y le hizo unas prueba.

Estaba embarazada y se lo dijo al padre de su hijo y la reacción de el fue que le dijo que abortara como Juana le respondió que no el intento matarla le daba puñetazo por todo el cuerpo

Así que Juana se fue a la guardia civil e interpuso una denuncia en contra de Eduardo lo tenia decidido ya que no quería que el hiciera mas daño.

Y desde entonces no tiene contacto con el padre de sus hijos y el no puede acercarse a Juana a menos de trescientos metros su hija pequeña Sara todavía no esta reconocida por el y siguen en juicio pero Juana no se dará por vencida hasta que sus dos hijos tengan el mismo apellido ya que son hijos del mismo padre.

Se fue a una casa de acogida y decidió rehacer su vida junto a sus hijos y se propuso trabajar

Juana alquila un piso y se pone a trabajar busca quien cuide de sus hijos, ya que no le gustaba dejarlo con desconocido para ella era difícil porque pensaba que se los podían maltratar y eso ella no lo iba a permitir.

Pero para Juana las cosas no iban bien ya que no ganaba lo suficiente para pagar todos los gatos que tenia pero no se daba por vencida Juana no paraba de llorar ya que no sabia que hacer porque es difícil criar dos hijos sola no tenia ayuda de ninguna clase pero no quería volver a su país porque eso seria regresar vencida y no lo podía permitir y siguió adelante con sus planes de criar a sus hijos sola.

Su familia le decía a Juana que se regresara que ellos le ayudarían con los niños y que no tenía necesidad de estar sola ya que a ellos les gustaría estar juntos

Pero Juana no se aceptaba ya que sus hijos son españoles y allí quería que se criaran porque tenían un buen futuro

Juana tenia una muy buena relación con su ex suegra y estaban en contacto ya que ella se llevaba al niño mayor todos los fines de semana le prestaba mucho

Pero para Juana era mejor porque podía trabajar y no tenía que estar preocupada de que si su hijo había comido y sabía que su abuela lo cuidaba muy bien ya que ella había quedado viuda

Juana ya no tiene trabajo y no le quedo de otra que volver a trabajar de lo que no le gusta pero no tenia remedio ya que sus hijos no tenían ni para tomar el biberón así que busco un piso de contacto y se fue a trabajar pero no tardo mucho en marchar ya que ese trabajo no estaba hecho para ella no le gustaba acostarse con todos los hombres por dinero.

Pero no le importaba hacerlo ya que Juana era capaz de hacer lo que fuera por sus hijos y no iba a permitir que se murieran de hambre. Juana también le mandaba dinero a su madre ya que estaba acostumbrada de toda la vida y siempre se lo dice que cuando necesita que se lo pida porque prefiere dárselo a su madre que gastarlo en tonterías.

Ya que no le importaba darle dinero a su madre porque Juana dice que el dinero que ella le da a su madre no alcanza para pagarle el tamaño que le dio y que gracias a ella tiene dos hijos maravillosos por el cual seria capaz de matar

Desde que Juana se fue de su país no ha vuelto ya que no tenia la documentación en reglas y a luchado mucho para que le conceda el permiso de residencia en España y ahora que la tiene como siempre el dinero es un problema en su vida como para todas las madres soltera que existen en el mundo, al fin y al cabo no se puede quejar ya que tiene un techo donde vivir y se puede llevar a la boca un bocado de comida ya que hay muchas gente que ni para eso tienen.

La abuela paterna de los niños le propone a Juana que le entregue el niño porque ella se sentía sola en casa ya que había quedado sola porque su esposo había fallecido y enseguida Juana le dijo que si pero después de tanto pensarlo preferiría que sus hijos se criaran juntos

Pero Juana lo medito bien y tomo la decisión de entregar a su hijo mayor porque sabia que con su abuela estaría mejor ya que no le faltaría de nada solo se quedaría con su hija pequeña eso seria de gran ayuda lo podía visitar cuando ella quisiera y no le pondrían pero Juana acepto ya que muchas veces no tenia quien cuidara de los dos niños.

Así que su hijo ahora vive con su abuela y todos los años se va de vacaciones para Málaga con su padre y después se va para Galicia con su abuela y después se viene a pasar unos días con su madre y eso a Juana le presta mucho ya que su hijo viaja mucho pero también se pone triste ya que su hija pequeña se queda en casa con ella porque todavía no esta reconocida por su padre.

Azucena le dice a Juana que le mande a la niña pequeña para ella criarla y así no esta tan sola a pesar de que sus otros hijos viven con ella ellos tienen su propia familia pero viven todos con su madre no la dejan sola nunca se lo plantearían vivir sin su madre.

Juana sigue viviendo en España con sus hijos y se a propuesto montar un negocio propio ya que no quiere volver a vender su cuerpo por dinero es lo que mas odia en su vida

Juana vive sola con su hija y desde que conoció al padre de sus hijos no ha tenido pareja ni novio y parece que no le interesa ninguno ya que lo único que le importa es trabajar y nada mas

Ella pensaba que el amor no estaba hecho para ella ya que nunca ha tenido suerte en el amor

Juana no quería tener pareja porque tenia miedo a que le volviera a suceder lo que le paso con el padre de sus hijos y prácticamente no confiaba en los hombres ya que no quería que la volvieran a maltratar porque ella no se lo merece ninguna mujer se lo merece ya que lo único que hacemos es luchar por nuestros hijos lo dejamos todo por ellos.

Juana deja de trabajar como prostituta en un piso y encuentra trabajo en una cafetería pero lo que nunca se imagino era que allí encontraría el amor junto a un chaval llamado Leandro no tenia ni dos meses trabajando cuando el se le declaro y a Juana le gustaba y desde entonces están juntos ya llevan un año conviviendo junto y Juana espera que sea para largo ya que lo quiere y se porta muy bien sobre todo con sus hijos además

Juana siempre dice que si quiere a sus hijos la quiere a ella y no permitirá que ni el ni nadie los maltrate porque nadie tiene derecho a ofender, pegar, y maltratar a todos los niños del mundo y sobre todo ninguna madre debería aceptarlo.

Juana se caso tienes dos hijos y ahora es feliz como nunca se lo imagino tiene su propio negocio y ahora no le falta de nada gracias a su valentía y su cesto sentido como mujer porque lucho mucho para conseguir lo que ahora tiene y no permitirá que nadie lo estropee.